Henri DORIZY

LES
CHAMPS DE BATAILLE
de 1870

GUIDE-ALBUM

AVEC 122 PHOTOGRAPHIES ET 10 CARTES

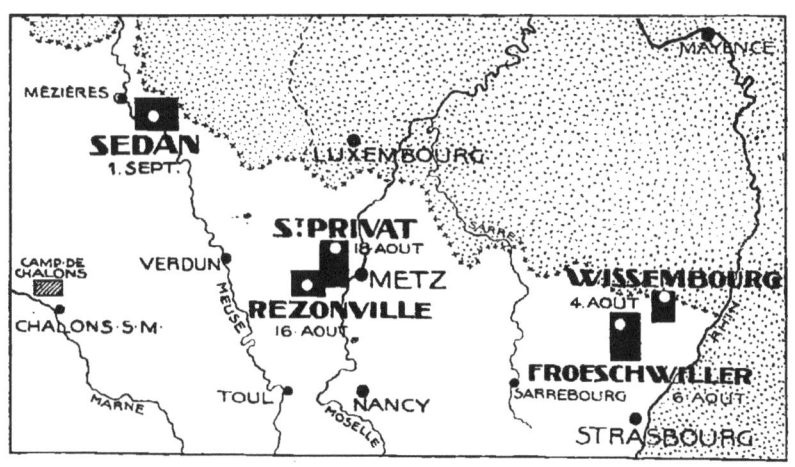

PARIS, BERGER-LEVRAULT, ÉDITEURS

Henri DORIZY

LES
CHAMPS DE BATAILLE
de 1870

GUIDE-ALBUM

AVEC 122 PHOTOGRAPHIES ET 10 CARTES

WISSEMBOURG	SAINT-PRIVAT
4 août	18 août
FRŒSCHWILLER	BORNY-NOISSEVILLE
6 août	14 et 31 août
REZONVILLE	SEDAN
16 août	1er septembre

BERGER-LEVRAULT, ÉDITEURS

PARIS | NANCY
RUE DES BEAUX-ARTS, 5-7 | RUE DES GLACIS, 18

1911

Ces quelques pages illustrées n'ont d'autre prétention que de remémorer les glorieux faits d'armes des journées les plus tragiques et les plus meurtrières du début de la guerre de 1870, dont quantité d'historiens célèbres ont fait le récit complet.

L'auteur de cet album a pensé qu'il était intéressant pour l'armée de lui présenter un ouvrage constituant un guide pratique pour ceux qui peuvent visiter ces champs de bataille et un souvenir pour tous.

Il s'adresse à ceux qui ne veulent pas oublier les héros de l'année terrible et fera connaître aux jeunes générations ces champs célèbres où tant de sang coula et comment y sont honorés les soldats morts pour la défense du drapeau.

Pour la visite pratique des monuments, il suffit de suivre les itinéraires des pages 5, 11, 15, 21, 29, complétant les cartes des emplacements des troupes.

H. D.

Les monuments français sont numérotés sur un carré ■
Les monuments allemands sur un point ●

N° 1. Aux officiers prussiens tués au mur des turcos

Quai Anselmann et la Lauter

N° 2. Au 58e régiment qui a combattu au mur des turcos

WISSEMBOURG
4 AOUT 1870

LE maréchal de Mac-Mahon avait été chargé par l'Empereur, dès le début des opérations, de surveiller le passage du Rhin et des Vosges, à la tête du 1er corps d'armée et de quelques autres unités.

Les nouvelles qu'il reçut le décidèrent à donner au général Douay l'ordre de porter sa division sur Wissembourg, laissant ses autres troupes à Strasbourg, Brumath, Lembach, Reichshoffen, Niederbronn, Bitche, etc.

Au matin du 4 août, le général Douay avait établi sa division à Wissembourg et sur les hauteurs en arrière ; à la suite d'une reconnaissance exécutée trop rapidement et sans but bien défini, il n'avait pu savoir de quelle importance étaient les troupes ennemies qu'il avait devant lui et qui le menaçaient.

Ses soldats, pleins de sécurité, étaient au repos, préparant le repas, lorsque, à 8 heures, le bruit du canon éclata soudain et une pluie d'obus s'abattit sur la ville, semant la panique et l'incendie.

C'était l'artillerie d'avant-garde du IIe corps bavarois qui entamait, sans l'assentiment du haut commandement, une lutte qui devait nous être si funeste !

Les troupes, un instant déconcertées, reprennent leur sang-froid et se préparent à la défense.

Les instructions du maréchal pouvaient faire supposer au général Douay que Wissembourg, plein de munitions, devait être défendu à outrance ; la lutte fut donc acceptée, de notre côté, sans une connaissance suffisante des effectifs allemands. En effet, alors que nous croyions avoir devant Wissembourg une ou deux divisions ennemies, c'étaient en réalité les avant-gardes de quatre colonnes formant la IIIe armée qui se dirigeaient sur nous, et composées de cinq corps d'armée, éloignés encore il est vrai, mais dont la marche simultanée et bientôt resserrée et accélérée allait leur permettre d'entrer en ligne assez rapidement.

Aussi le premier soin de ces avant-gardes fut-il de s'emparer des passages de la Lauter, que notre effectif restreint ne nous avait pas permis de garder, et de placer de suite l'artillerie aux points culminants les plus favorables et à une distance respectable de la nôtre. A ces cinq corps d'armée le général Douay ne pouvait opposer que 6.600 hommes avec 300 officiers, 1.300 cavaliers et quatre batteries ! Et pendant que l'ennemi arrivait en masses profondes et nous submergeait, les brigades Ducrot et Lembach, campées à 12 et 8 kilomètres de Wissembourg, restaient dans l'inaction, n'ayant pas été avisées du danger !

Le général en chef ne croyait pas, du reste, à ce moment, à un engagement sérieux, mais il dut bientôt changer d'avis, en présence des importants mouvements de troupes de l'adversaire. En effet, les bataillons allemands arrivaient en masses profondes, non seulement de face, parallèlement à la Lauter, mais encore à droite et à gauche, commençant, suivant la tactique prussienne, un mouvement enveloppant qui devenait inquiétant.

Pont conduisant à l'ancienne porte de Bitche

Anciennes fortifications

Vieille Maison à Wissembourg

BATAILLE DE WISSEMBOURG

WISSEMBOURG
4·AOUT·1870

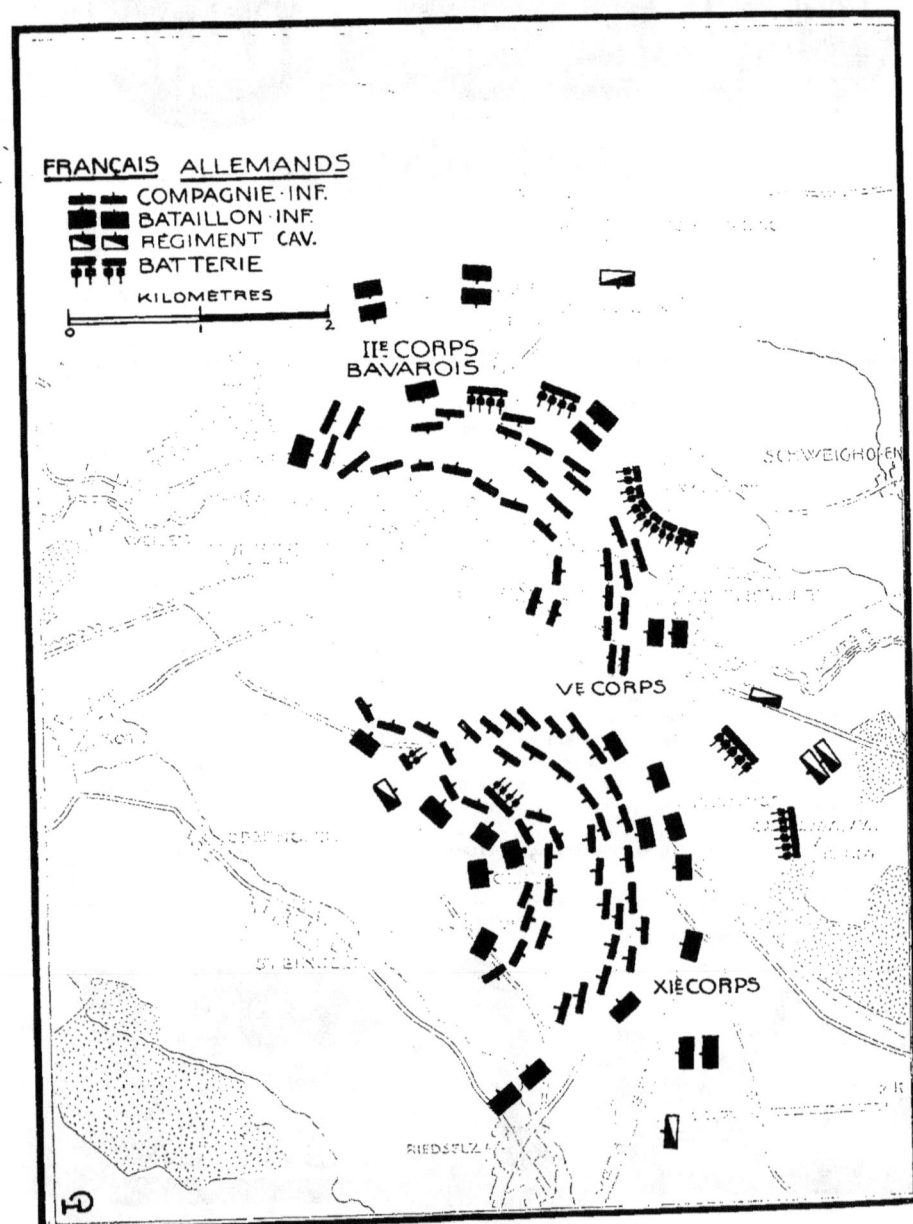

BATAILLE DE WISSEMBOURG

VISITE DES MONUMENTS

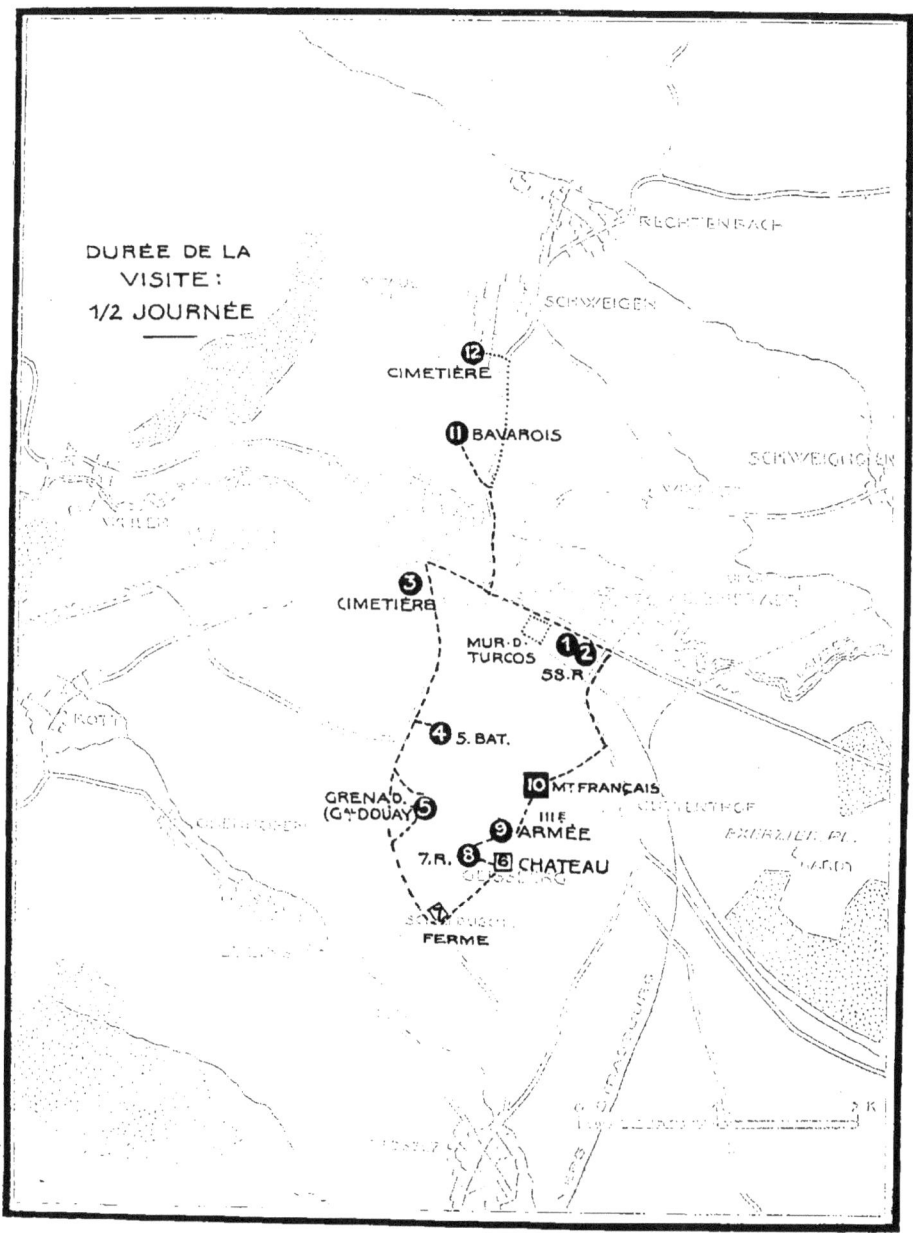

BATAILLE DE WISSEMBOURG

N° 7. Ferme de Schafbusch

N° 10 Monument français (Détail)

LE GEISSBERG

La défense du plateau du Geissberg est vivement organisée, mais notre artillerie, tout à fait inférieure en nombre et en qualité, ne peut s'y maintenir sous le feu convergent ennemi.

Douay comprend alors qu'il va se voir enveloppé par des forces écrasantes et ordonne au général Pellé, très menacé aussi lui-même à Wissembourg, fortement attaqué par trois côtés, d'abandonner la ville et de préparer la retraite.

Il se porte lui-même « aux trois peupliers », près desquels il reçoit un éclat d'obus qui le frappe mortellement (10 heures). On l'emporte à la ferme de Schafbusch (n° 7). « Abel Douay était le premier de nos officiers généraux qui tombait au champ d'honneur dans cette guerre fatale. Ses services brillants et sa bravoure éclatante lui eussent mérité de mourir en pleine victoire : du moins il ne pouvait pas succomber plus glorieusement ni sur un terrain plus illustré par la valeur française, car nos soldats se conduisirent, pendant toute la durée de cette lutte inégale, comme de véritables héros. » (Lieutenant-colonel ROUSSET.)

Le général Pellé prend la direction du combat, mais les forces très supérieures des Allemands, qui augmentent sans cesse, l'obligent à quitter Wissembourg beaucoup plus tôt qu'il ne l'eût voulu, en y laissant un bataillon non prévenu de la retraite. Celui-ci, cerné, est pris les armes à la main, luttant avec désespoir.

Les troupes sont rassemblées au Geissberg, autour du château (n° 6), ainsi qu'à la ferme de Schafbusch, pour une retraite déjà compromise.

Nos soldats, entourés par les V°, VII° corps prussiens et le II° bavarois, se battent un contre dix, en causant aux assaillants des pertes considérables.

Plusieurs fois repoussés dans l'attaque du château, « les Prussiens se rendent compte que l'artillerie, seule, peut presser la solution..... Ainsi les défenseurs sont complètement entourés sous les coups concentriques de six batteries. Le reste de la division est déjà en pleine retraite ; les cartouches sont épuisées. Le capitaine Lagneau, qui a conservé le commandement, malgré une blessure sérieuse, juge que le terme de la résistance est arrivé ; il se résigne à une capitulation qu'il a refusée jusqu'alors (2 heures environ). » (Pierre LEHAUTCOURT.)

La ferme de Schafbusch tenait encore avec une poignée d'hommes décidés à vendre chèrement leur vie et dont la fusillade énergique permit à ce qui restait de la division de se retirer.

Les Allemands pénétrèrent enfin dans la ferme pour n'y trouver que quelques hommes oubliés — des morts et des mourants !

Dès que la nouvelle de cette défaite fut connue en France, elle y propagea une véritable stupeur ! On se laissa de suite aller au découragement, sans songer que nos soldats, au nombre de 7.000, avaient, pendant près de sept heures, lutté contre 70.000 Allemands soutenus par une puissante artillerie !

Ceux-ci perdaient 90 officiers et 1.460 hommes.

De notre côté, nous avions le même nombre d'officiers hors de combat, 1.520 hommes tués ou blessés, et plus de 500 prisonniers.

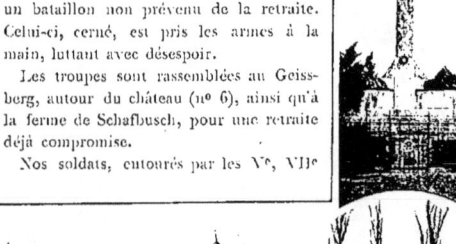

N° 9 A la III° armée

N° 6. Château du Geissberg

N° 7. Ferme de Schafbusch (intérieur)

N° 5. Au 7° régiment (Les trois peupliers)

Rue de Frœschwiller, au nord

N° 22. *Au 3e bataillon de chasseurs wurtembergeois*

Rue de Frœschwiller, au sud

BATAILLE DE FROESCHWILLER
6 AOUT 1870

LE lendemain de la défaite de Wissembourg, Mac-Mahon fit tous ses efforts pour réunir à son 1er corps d'armée le 7e, incomplet, et le 5e, encore éloigné ; ce dernier, attendu pendant toute la durée de la bataille de Frœschwiller, ne put envoyer qu'une division qui arriva trop tard. Très indécis, le maréchal avait disposé ses troupes sur la position réputée de Frœschwiller-Wœrth-Elsasshausen, le Nieder-Wald et Morsbronn, alors que les avant-gardes de la IIIe armée allemande nous serraient de près.

Des deux côtés on ignorait, ou à peu près, l'importance des effectifs, et les troupes ennemies, dont les têtes de colonne allaient nous attaquer — sans ordres, du reste, et contre les intentions du Grand État-major — n'étaient pas très renseignées.

Le 6 août, vers 6 heures du matin, par un temps magnifique, le canon allemand vint, comme à Wissembourg, surprendre les 35.000 hommes de Mac-Mahon qui, insouciants du danger, vaquaient à leur toilette, au nettoyage des armes et des effets, aux corvées de toutes sortes, ou se reposaient gaiement des fatigues et des pluies des jours précédents.

Après un temps d'arrêt qui permit à nos unités de se ressaisir et de se rassembler, la gauche française, déployée en avant de Frœschwiller et de Wœrth, fut attaquée par une partie du IIe corps bavarois qui, venant du nord-est, avait d'abord pris Langensulzbach. Ce fut le début de cette mémorable journée.

Peu après, le XIe corps, venant par Gunstett, où l'artillerie s'établissait fort avantageusement, attaquait notre droite. Enfin, le Ve corps, dont les premiers fantassins entraient en ligne, se dirigeait sur notre centre, relié au XIe corps par une division wurtembergeoise.

Au fur et à mesure de leur arrivée, les troupes allemandes venaient renforcer leur ligne de bataille, soutenues en arrière de la Sauer par une puissante artillerie et des réserves qui suivaient.

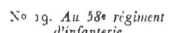

N° 19. *Au 58e régiment d'infanterie*

Les 100 pièces de canon du Ve corps commençaient bientôt, par leur tir bien réglé et efficace, à jeter la mort dans nos rangs, pendant que l'infanterie, après avoir passé la Sauer, gagnait du terrain, malgré un arrêt causé par la défense énergique de nos troupes, mal soutenues, du reste, notre artillerie étant très défectueuse !

L'encerclement se prononce de plus en plus. Notre droite, fortement engagée,

N° 20. *Aux officiers prussiens tués devant Frœschwiller*

Une rue de Reichshoffen

Maison de Frœschwiller devant laquelle le général Raoult tomba blessé à mort et où il fut transporté

FROESCHWILLER

Église de Reichshoffen

WÖRTH

N° 17. Au capitaine Anglade
et aux braves turcos

N° 15. Monument de l'armée française

N° 30. Au prince royal Frédéric-Charles

N° 18. Au 46° régiment d'infanterie

N° 16. Au 1er régiment de grenadiers

N° 14. Au 37e régiment de fusiliers

a dû se retirer en arrière de la ferme de Lansberg. Morsbronn, enveloppé, succombe ! Le moment est critique : le général Michel est prié, avec ses cuirassiers, d'arrêter les progrès rapides de l'infanterie allemande. Quoique le terrain soit on ne peut plus défectueux, le chef des 8e et 9e cuirassiers n'hésite pas devant le sacrifice qu'on lui demande. Nos braves cavaliers s'élancent sur une infanterie qui, bien embusquée, disparait dans des houblonnières et des plis de terrain, les laissant passer entre leurs feux croisés. Tous ceux qui ne tombent pas dans ce tourbillon de la mort se précipitent dans les rues de Morsbronn, fermées par des barricades ; de toutes les maisons, envahies par l'infanterie du XIe prussien, partent des feux convergents qui abattent presque à bout portant nos malheureux cuirassiers.

De ces deux beaux régiments, les survivants purent se compter avec fierté, et si leur sacrifice fut aussi vain qu'héroïque, du moins il montre aux fils de ces vaillants jusqu'où l'honneur

N° 28. Aux soldats français de l'armée d'Afrique

N° 13. Aux Bavarois tués à Worth et pendant la guerre de 1870

des armes et la défense du drapeau peuvent conduire des hommes !

De Soultz, le Prince Royal avait cru longtemps à une affaire sans importance, mais l'intensité du feu le décide à se rendre sur le champ de bataille. Il arrive vers midi sur la hauteur à l'est de Wœrth et, devant les troupes engagées, il se rend bientôt compte de notre infériorité et de la nécessité d'agir.

Il profite de l'arrivée du gros des Ve et XIe corps et donne des ordres pour une nouvelle attaque générale et simultanée du plateau.

Les Bavarois, un certain temps arrêtés, reprennent l'offensive sur notre gauche ; les renforts du Ve corps permettent de mettre en ligne des troupes fraîches qui menacent notre centre ; quant à notre droite, elle perd constamment du terrain, presque complètement tournée, et menacée d'être prise à revers ! Partout, les efforts surhumains et renouvelés de nos soldats exténués restent impuissants à conjurer la défaite.

La lutte se resserre de plus en plus

N° 27. A la IIIe armée.

BATAILLE DE FROESCHWILLER

N° 35. Au 11e bataillon de chasseurs hessois

N° 37. Aux cuirassiers de Reichshoffen (8e et 9e régiments)

N° 33. Au 88e régiment d'infanterie de Nassau

MORSBRONN

autour de Frœschwiller, bientôt devenu, après la perte d'Elsasshausen, le réduit central et le dernier rempart de la défense.

Le maréchal se rend compte que la partie est bien perdue !

Il demande lui-même au général de Bonnemains d'arrêter l'élan de l'ennemi et de faire charger sa division.

Comme leurs camarades du 8e et du 9e, les 1er, 2e, 3e et 4e régiments de cuirassiers s'élancent successivement et, dans un terrain aussi peu propice, chargent l'artillerie prussienne, qu'ils n'arrivent même pas à atteindre, le feu ennemi ayant auparavant anéanti ou dispersé leurs escadrons !

« C'est là, spectacle inoubliable, qu'on vit le colonel Lafutsun de Lacarre, commandant le 3e cuirassiers, la tête emportée par un obus, rester un moment en selle sur son cheval emballé ! » (Lieutenant-colonel ROUSSET.)

Cette seconde charge, qui, avec la première, immortalisa les « Cuirassiers de Reichshoffen » et fut aussi héroïque, n'eut malheureusement guère plus de résultats !

Le maréchal de Mac-Mahon n'avait plus à ce moment un seul homme à engager ; il lui restait seulement la réserve d'artillerie, composée de 48 pièces, qu'il fit mettre en batterie à l'est de Frœschwiller et au nord d'Elsasshausen. Mais elles furent de suite assaillies à l'improviste et leurs servants tombèrent sous une pluie de balles !

« A ce moment, le 1er tirailleurs était formé en bataille un peu en arrière d'Elsasshausen, défilé par la crête du terrain, les bataillons disposés en ordre inverse. Lorsque les tirailleurs prussiens, débouchant d'Elsasshausen, envahirent les batteries du 9e, placées près de ce village, un frémissement d'impatience parcourut les rangs des turcos. Le 3e bataillon, commandant de Lammerz, se porta en avant contre les tirailleurs que suivaient de grosses masses sortant de tous les côtés des bois qui se trouvent au sud. Les Prussiens s'arrêtèrent à cette vue et hésitèrent à faire demi-tour. Les 2e et 1er bataillons, commandants Sermensan et de Coulanges, se portent vivement à hauteur du bataillon de Lammerz. Le régiment marchant en bataille, le cri de « En avant ! » se fait entendre d'un bout à l'autre de la ligne. Les turcos, poussant leur cri de guerre, se précipitent sur l'ennemi baïonnette baissée et déterminent la retraite sans tirer un coup de fusil. Les Prussiens fuient en désordre et vont se réfugier dans le *Petit Bois*, puis dans le Niederwald. Les turcos reprennent les six pièces des batteries du 9e dont les Allemands s'étaient emparés et qu'ils n'avaient pu encore emmener ; ils franchissent le *Petit Bois* à la suite des fuyards et arrivent en face du Niederwald, dont la lisière est fortement garnie par les Prussiens refoulés. Alors éclate contre les turcos une fusillade terrible partant de tous les points ; en un instant, une foule d'officiers et de soldats sont frappés. Les turcos recevaient aussi des balles par leur flanc droit. Elles leur étaient envoyées par les troupes qui poursuivaient l'accomplissement du mouvement tournant contre la droite et les derrières de l'armée française remontant l'Eberbach. Après avoir perdu la moitié de son effectif, ce brave régiment dut se jeter dans le Grosser-Wald et en border la lisière pour arrêter la poursuite des Prussiens. Ce n'est qu'à bout de forces et après avoir épuisé toutes ses munitions, qu'il battit en retraite à travers la forêt et gagna la route de Frœschwiller à Reichshoffen. Dans ce mouvement, qui causa une vive inquiétude aux Prussiens et qui fit l'admiration de tous les témoins

La grande rue de Morsbronn

BATAILLE DE FRŒSCHWILLER

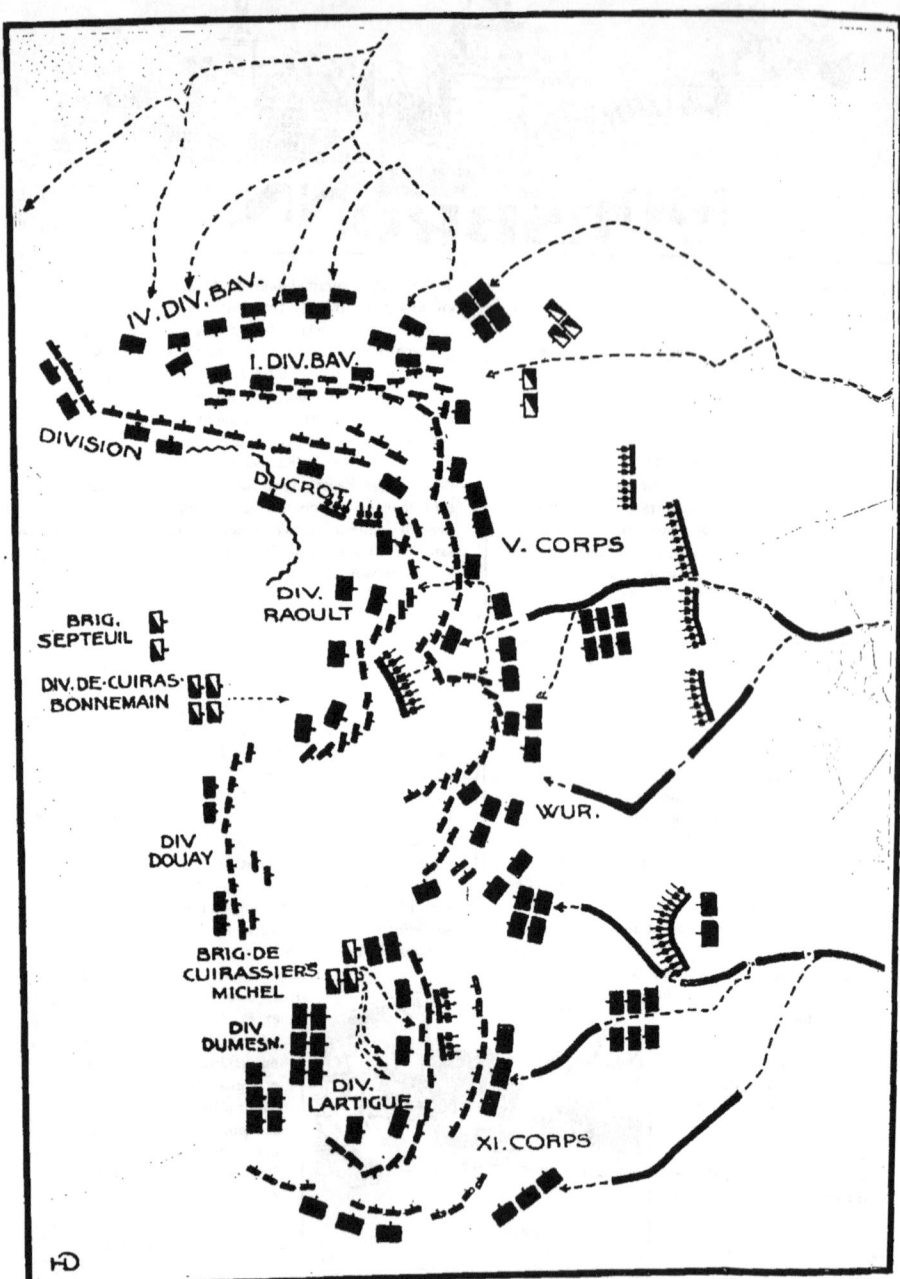

BATAILLE DE FRŒSCHWILLER

VISITE DES MONUMENTS

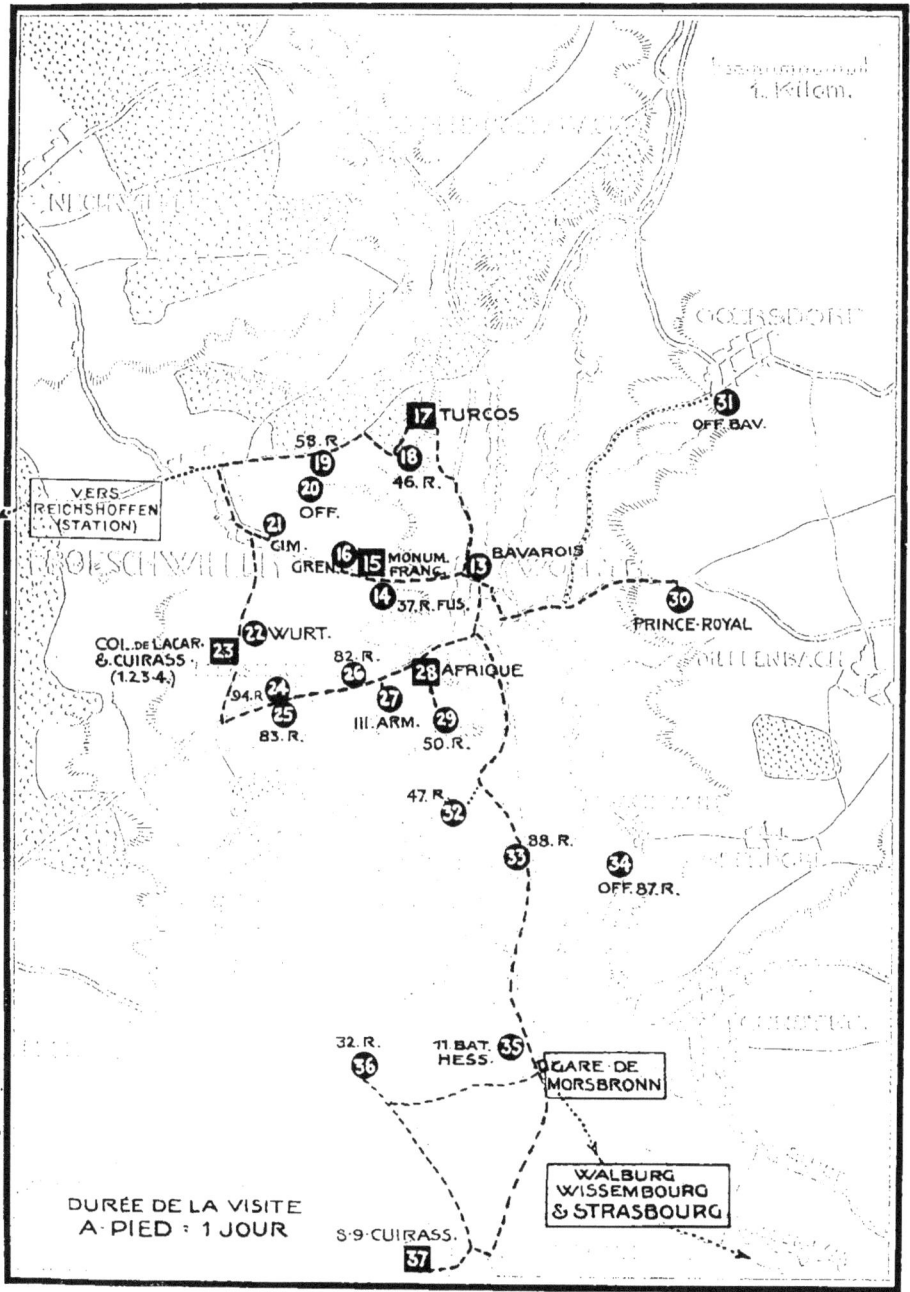

BATAILLE DE FROESCHWILLER

No 26. *Au 82e régiment d'infanterie hessoise*

No 25. *Au 83e régiment d'infanterie hessoise*

oculaires, ennemis comme amis, le 1er turcos perdit en un clin d'œil 800 hommes, presque tous tués ou blessés. Il ajouta ainsi de nouveaux titres de gloire à ceux qu'il avait conquis à Wissembourg. » (Commandant DE CHALUS. *Wissembourg-Fræschwiller-Retraite sur Châlons*.)

No 24. *Au 94e régiment d'infanterie de Thuringe*

Partout les masses noires s'avançaient concentriquement et resserraient leur feu autour de Fræschwiller qui, réduit en cendres et plein de mourants, dut enfin succomber !

« C'est ici qu'il faudrait la plume des grands historiens pour raconter dignement l'agonie gigantesque des régiments qui ne fuient point. Oui, parmi ces décombres fumants, derrière ces haies déchirées, ces murs ébranlés, dans cette église crénelée remplie tout à la fois de blessés et de combattants furieux, au milieu de Fræschwiller embrasé, s'agite encore, sublime de désespoir, une phalange qui meurt et ne se rend pas. C'est rue à rue, maison par maison, pied à pied, que les Français disputent le terrain, et, lorsque les Allemands ont achevé leur rude besogne, ils savent ce qu'il en coûte, combien il faut sacrifier de bataillons pour coucher à jamais par terre les survivants de Malakoff et de Magenta. » (Alfred DUQUET.)

La retraite sur Niederbronn, effectuée dans une terrible confusion, sous le feu de l'ennemi, laissait les Allemands maîtres de toutes nos positions. Avec celles-ci nous perdions l'Alsace, près de 16.000 hommes et 800 officiers tués, blessés ou prisonniers — plus de 30 pièces d'artillerie, une grande quantité de butin et de matériel — sans compter 3 généraux et 7 colonels morts en braves à la tête de leurs soldats !

La victoire des Prussiens était due en grande partie à leur supériorité numérique. En effet, tandis que nous pouvions leur opposer 46.000 hommes, près de 8.000 cavaliers et 120 pièces d'artillerie, les Allemands avaient pu faire entrer en ligne 125.000 hommes, 33.000 cavaliers et plus de 300 bouches à feu.

Leurs pertes étaient considérables :

Près de 1.500 soldats et 100 officiers tués ; plus de 7.000 soldats et 400 officiers blessés ; 1.300 hommes environ disparus, soit au total plus de 10.000 hommes hors de combat.

La défaite de Fræschwiller, quoique héroïque, n'en avait pas moins pour nous les conséquences les plus désastreuses : la perte de l'Alsace moins Strasbourg — la route de Paris ouverte aux Prussiens — le moral des troupes complètement affaibli et le découragement chez tous, alors qu'on croyait nos troupes invincibles !

Les batailles de 1870 furent toutes à la gloire de l'armée, mais celle de Fræschwiller, avec ses pertes de plus de 20 % de l'effectif engagé, restera une des journées les plus terribles et les plus honorables dans la défaite ! Son nom rappellera toujours au Pays ce que l'honneur et le dévouement à la Patrie firent déployer à nos troupes d'énergie inlassable et d'héroïsme surhumain : tous, officiers et soldats, dans un admirable mépris du danger devant la mort, montrèrent tout ce qu'il est possible de faire pour la gloire des armes.

La cavalerie en particulier s'y sacrifia presque tout entière pour sauver les autres armes, et sa vaillance restera comme le modèle de bravoure à citer en exemple aux jeunes générations.

Les Allemands eux-mêmes portèrent sur cette journée le témoignage suivant : « Le commandant en chef des troupes françaises avait lutté jusqu'à la dernière extrémité contre les forces supérieures des Allemands : partout son armée avait combattu avec grand courage ; sa cavalerie tout entière s'était volontairement sacrifiée pour dégager les autres armes. Mais quand on fut entouré de toutes parts, quand l'unique ligne de retraite se trouva sérieusement menacée, la résistance dut enfin cesser. » (*La Guerre franco-allemande*.)

La France déplore la défaite de Fræschwiller, mais l'armée peut relever fièrement la tête au souvenir de cette journée d'héroïsme !

ELSASHAUSEN

No 41. Cimetière des 1er et 2e régiments de dragons de la Garde

No 38. Monument national français

No 39. Au 1er régiment de dragons de la Garde

MARS-LA-TOUR

BATAILLE DE REZONVILLE, 16 AOUT 1870

APRÈS l'échec du 14 août aux portes de Metz, l'objectif de l'armée française, commandée par le maréchal Bazaine, était de gagner Verdun pour rejoindre, à Châlons, celle du maréchal de Mac-Mahon.

Mais le mouvement de retraite, mollement dirigé par son chef indécis, fut exécuté avec trop de lenteur, ce dont profitèrent les Allemands qui, par une marche rapide et audacieuse, arrêtèrent les Français dans la matinée du 16 août.

Dès l'aube, le IIIe corps prussien quittait Gorze et l'artillerie de son avant-garde entamait, vers 9 heures, avec les troupes françaises, un combat qui allait bientôt prendre les proportions d'une grande bataille.

Ces dernières, établies de Mars-la-Tour à Gravelotte, d'abord surprises d'une attaque aussi brusque, se reprirent bientôt et obligèrent la gauche prussienne à reculer.

Le ravin mémorable de Mars-la-Tour, plusieurs fois pris et repris, fut le théâtre d'une lutte acharnée ; une dernière attaque des 16e et 57e prussiens y fut repoussée avec de grandes pertes pour ces deux régiments, qui n'échappèrent à un massacre complet que grâce à l'héroïsme des dragons de la Garde (n° 39).

« Alors nos fantassins, fonçant sur l'ennemi désemparé, engagent avec lui un furieux corps-à-corps. On se larde à coups de baïonnette ; on se tue à coups de revolver. L'acharnement est tel que personne, à ce moment, ne serait capable de remettre un peu d'ordre dans cette masse confuse qui s'agite, grouille, tourbillonne et sur laquelle semble planer une buée sanglante. Enfin, les Allemands, aux trois quarts détruits, cèdent la place ; leurs misérables restes remontent péniblement le revers du ravin et s'enfuient vers Tronville dans une inexprimable déroute, foudroyés par notre feu qui ne s'éteint pas. La brigade Wedel, qui comptait 95 officiers et 4.546 hommes, laissait sur le terrain 72 officiers (dont le général blessé) et 2.542 soldats. Comme l'a écrit l'État-major prussien, « elle était anéantie presque totalement ».

« C'est dans le cours de cette lutte si chaude que fut conquis un des drapeaux du 16e régiment prussien. Le sous-lieutenant Chabal, du 57e de ligne, pour l'arracher à l'officier ennemi qui le portait, dut en briser la hampe, dont le tronçon resta seul aux mains de son défenseur, comme pour attester de sa courageuse

Musée de l'abbé Faller

No 40. Monument au lieutenant Chabal

Le cimetière allemand

BATAILLE DE REZONVILLE

REZONVILLE MARS-LA-TOUR

2ᵉ CORPS (FROSSARD)
GARDE (BOURBAKI)
3ᵉ CORPS (LEBOEUF)
6ᵉ CORPS (CANROBERT)
4ᵉ CORPS (LADMIRAULT)
Xᵉ CORPS
IIIᵉ CORPS

FRANÇAIS — ALLEMANDS

- COMPAGNIE } D'INFANTERIE
- BATAILLON }
- RÉGIMENT DE CAVALERIE
- BATTERIE D'ARTILLERIE

KILOMÈTRES 0 — 2

BATAILLE DE REZONVILLE

VISITE DES MONUMENTS AU DÉPART DE MARS-LA-TOUR OU DE GORZE

EN VOITURE
A BICYCLETTE } 1/2 JOURNÉE
A PIED — 1 JOURNÉE

- 1&2·DRAG·GA 41 — 40 LIEUTENANT CHABAL
- 39 1.R.DRAG
- 38 M! FRANÇAIS
- 42 91·INF·
- 12·BRI·INF 44 — 43 57·INF·
- 35·INF·
- 45 46 20·INF·
- 3·ZIET·HUS· 61 — 60 16·HUS·
- 59 BRIG.BREDOW
- 56 STATION DU ROI
- 57 72·INF·
- 58 56·INF·
- STATION DU PR FRÉDÉRIC-CHAR 47
- 78·INF· 48
- V° DIVISION 51 — 52 48·INF·
- 49 — 53 3.BAT·CHASS·
- 3.ART 50
- 56·INF·
- 55 11·GREN·
- 54 40·FUS·

DIRECTION DU CHAMP DE BATAILLE DE S! PRIVAT

DIRECTION DE METZ ET PAGNY-S-MOSELLE

VIONVILLE

résistance. Le glorieux trophée, d'abord remis au général de Cissey, resta longtemps exposé sur l'Esplanade de Metz, réconfortant les blessés qui gisaient là, sur leur lit d'ambulance, et donnant aux vieux soldats de Crimée et d'Italie comme une vision de leur ancienne gloire. » (Lieutenant-colonel ROUSSET, p. 159.)

Le monument n° 40 marque l'endroit où le sous-lieutenant Chabal s'empara de ce drapeau.

Le maréchal Bazaine, décidé à ne pas abandonner Metz, ne voulut pas profiter de sa supériorité pour prendre l'offensive. « En face des forces prussiennes, dit en effet la *Relation allemande*, les Français occupaient les hauteurs d'une pente qui avoisinent Rezonville. Défendues les unes et les autres par une infanterie armée de fusils à tir rapide, ces positions étaient tellement fortes que, selon toute apparence, elles devaient défier toute offensive directe. D'autre part, du côté des Prussiens, on ne disposait pas de forces suffisantes pour tenter des mouvements latéraux d'une certaine étendue, et, quant aux Français, *nous avons déjà fait ressortir que leur commandant en chef, regardant comme sa tâche principale d'assurer contre toute attaque tournante ses communications avec Metz, s'abstenait d'utiliser ses nombreuses réserves pour frapper un coup décisif contre la gauche prussienne.* »

Le prince Frédéric-Charles, qui était arrivé tardivement au canon et s'était arrêté sur le plateau de Vionville (pierre n° 47), donna l'ordre de charger à la brigade Bredow. Celle-ci fondit sur le centre des troupes françaises, entre Vionville et la voie romaine, au milieu d'un ouragan de mitraille, et, finalement, entourée de toutes parts, fut obligée de se replier, en partie anéantie, après avoir repassé dans les lignes françaises qu'elle avait traversées. Cette charge héroïque et désespérée, connue sous le nom de « Chevauchée de la Mort », avait coûté 400 hommes aux Allemands et autant de chevaux.

Mais, de nouveaux renforts leur étant arrivés, les Prussiens reprennent l'offensive contre Rezonville ; à la nuit tombante, leurs batteries disponibles viennent se grouper autour du village, bientôt criblé d'obus. Le commandant en chef fait alors donner l'infanterie, croyant le moment venu de l'assaut, mais Bourbaki répond par le canon, rassemble ses grenadiers et dirige sur les assaillants une fusillade infernale, les obligeant à se retirer avec des pertes énormes.

Au dire du capitaine Hoffbauer, de l'artillerie allemande, celle-ci aurait consommé 19.638 obus dans la

BATAILLE DE REZONVILLE

N° 60. Au 16e régiment de hussards

N° 61. Au 3e régiment de hussards

N° 59. A la brigade Bredow

REZONVILLE

journée ; certaines batteries avaient tiré pendant dix heures consécutives, ce qui avait tellement épuisé les hommes que plusieurs étaient devenus sourds et aveugles.

La bataille ne prit fin qu'à 10 heures du soir, après des retours offensifs de part et d'autre et un véritable acharnement.

Vionville fut le théâtre d'une lutte fantastique, dans l'obscurité, entre les uhlans et hussards prussiens et l'infanterie française ; fusillés à bout portant, les Allemands sont obligés de se retirer !

De terribles rencontres de cavalerie, en avant de Mars-la-Tour, n'avaient donné aucun résultat appréciable : malgré toute la bravoure et l'impétuosité de nos escadrons, ceux-ci se heurtèrent à la cavalerie allemande et ne réussirent qu'à former avec elle une mêlée furieuse, mais dans laquelle les corps-à-corps seuls mirent aux prises les belligérants. Il fut impossible, dans la cohue gigantesque de tous ces combattants, de les reformer pour charger utilement et, malgré le grand nombre de morts, cette lutte acharnée de plus de 5.000 cavaliers fut presque inutile !

« Un profond silence s'étendait alors sur ce large plateau où, depuis neuf heures du matin, la mort avait fait une si riche moisson. Une nuit froide succédait à cette brûlante journée d'été, et, après des efforts presque surhumains, les combattants prenaient quelques instants de repos dans leurs bivouacs. La ligne des avant-postes prussiens, formant un vaste arc de cercle sur le plateau de Rezonville, si chèrement acheté, s'étendait du bois des Oignous aux bois de Tronville. Au lever de la lune, la cavalerie de l'aile gauche prolongeait la chaîne des grand'gardes jusqu'à l'Yron, à travers cette plaine de Mars-la-Tour abreuvée de tant de sang. » (*Relation allemande.*)

Les troupes françaises bivouaquèrent sur place, mais leur retraite était arrêtée et l'objectif allemand était atteint.

Cette mémorable journée, une des plus meurtrières du siècle, avait couché sur le terrain 147 officiers prussiens et plus de 1.200 hommes avec 15.500 blessés ou disparus, soit pour les Allemands 17.000 hommes hors de combat.

De notre côté, nous avions 236 officiers et plus de 4.000 hommes tués, 11.000 blessés ou disparus, en tout plus de 15.000 hommes hors de combat.

Les effectifs engagés étaient les suivants :

Français : 136.000 avec 360 canons.
Allemands : 90.000 avec 220 canons.

L'entêtement du maréchal Bazaine à ne pas vouloir quitter Metz s'était manifesté au cours de cette journée, pendant laquelle il eut l'occasion d'infliger aux Prussiens un sérieux échec avant l'arrivée de leurs corps en marche ! Aussi nous perdions avec la route de Verdun qu'il fallait aborder par une nouvelle bataille, toute communication avec Paris.

Le plateau de Rezonville. Route de Gorze

Maison qui abrita Guillaume Ier dans la nuit du 17 août

N° 57. Au 72e régiment d'infanterie

Rezonville

BATAILLE DE REZONVILLE

N° 65. Au 69e régiment d'infanterie
N° 62. Le hall de Gravelotte
N° 62. Le hall de Gravelotte
N° 73. Station du roi Guillaume Ier
N° 64. Au 8e bataillon de chasseurs
N° 64. Au 8e bataillon de chasseurs

LA FERME St HUBERT ET LE RAVIN DE GRAVELOTTE

BATAILLE DE SAINT-PRIVAT — 18 AOÛT 1870

Le lendemain de la bataille de Rezonville, c'est-à-dire le 17 août, Bazaine, persistant à ne pas vouloir lâcher Metz alors qu'il pouvait encore dès le matin se mettre en route sur Verdun par Conflans, allégua la fatigue des troupes, leur ravitaillement nécessaire, et se rapprocha de la place. Ce fut, de l'avis de tous les hommes de guerre compétents, une des plus grandes fautes de la guerre de 1870.

L'ordre fut donné aux troupes de gagner leurs nouveaux cantonnements (de Rozérieulles et Gravelotte à Amanvillers et Saint-Privat, c'est-à-dire du sud au nord), à la grande stupéfaction des Allemands qui, au contraire, craignaient d'être attaqués avant d'avoir pu rassembler tous leurs corps.

La journée fut consacrée à la mise en état de défense des emplacements occupés, Bazaine n'ayant toujours que la défensive comme objectif avec la possibilité de gagner Metz. A la gauche, le 2e corps se trouvait placé en arrière du vallon de la Mance ; au centre le 3e occupait la ferme de Moscou et Montigny-la-Grange ; le 4e à sa suite était en avant d'Amanvillers et de Saint-Privat, ce dernier village occupé par Canrobert avec le 6e corps. L'artillerie de réserve et la Garde impériale se tenaient en arrière à Plappeville, sous le canon du fort.

Dans la matinée du lendemain 18 août, les Allemands qui avaient eu, la veille, le temps de reconnaître nos positions, de rassembler tout leur monde et de tenir conseil, prirent leurs dispositions pour l'attaque, et mirent en ligne une formidable artillerie.

Malgré une intense canonnade les troupes françaises résistent énergiquement à l'attaque de l'infanterie qui s'est avancée, et celle-ci, quoique bien supérieure en nombre, est refoulée avec de grandes pertes.

Sur la route, un groupe impor-

N° 69. A la VIe brigade d'infanterie
La ferme Saint-Hubert
Le musée de guerre

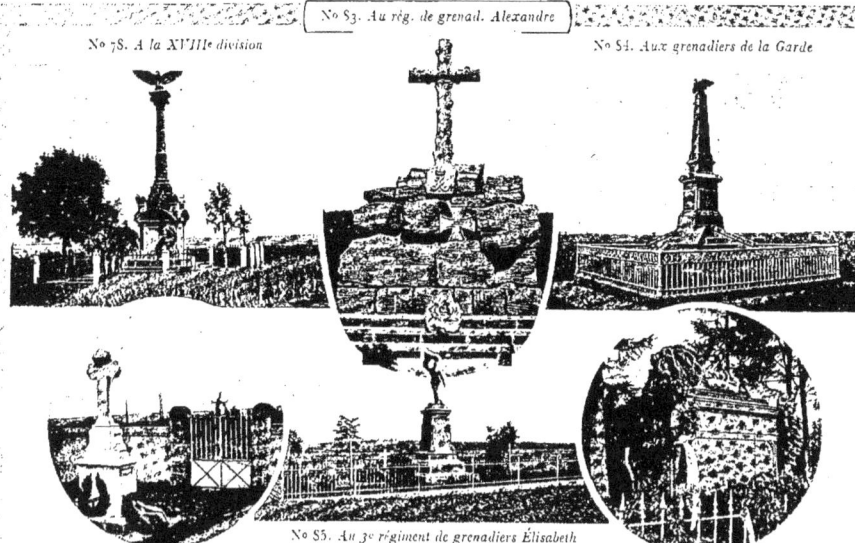

No 78. A la XVIIIe division
No 83. Au rég. de grenad. Alexandre
No 84. Aux grenadiers de la Garde
No 82. Cimetière prussien du Bois de la Cusse
No 85. Au 3e régiment de grenadiers Élisabeth
No 81. A la XXVe division hessoise

VERNÉVILLE CHANTRENNE AMANVILLERS BOIS-DE LA-CUSSE

tant d'artillerie était aussi déployé pour l'attaque de Sainte-Marie-aux-Chênes. Enfin de nouvelles troupes fraîches, gardées en réserve, venaient renforcer les Allemands à Gravelotte, où une bataille terrible était engagée à la ferme Saint-Hubert et au Point-du-Jour.

Ici il faut laisser la parole aux Allemands :

« Il était 7 heures du soir environ, et nos troupes se disposaient à ce dernier effort quand, tout à coup, l'adversaire se ranima. Ses lignes se voilent subitement d'un nuage épais de fumée ; les batteries françaises encore en état de combattre venaient de reprendre leur feu depuis longtemps interrompu et criblaient les bois, ainsi que le plateau de Gravelotte, de projectiles de toute sorte qui portaient jusqu'au point où se tenait Sa Majesté (Pierre n° 73). Sur le front du corps Frossard et probablement aussi à l'aile gauche du corps Lebœuf, toutes les réserves viennent en première ligne. En même temps des tirailleurs débouchant en lignes épaisses poussent vers Saint-Hubert et surtout vers le bois au sud de la grande route, chassent devant eux les hommes isolés, les petits groupes, le plus souvent sans chefs, épars en rase campagne, et les culbutent jusque dans le ravin de la Mance. » Et plus loin : « L'ennemi tenant sous son feu la chaussée et tout le terrain adjacent, la mitraille, les balles même pleuvaient de nouveau jusqu'auprès de Gravelotte ; mais la lutte était particulièrement furieuse du côté de Saint-Hubert, et des groupes nombreux refluant pêle-mêle semblaient annoncer le commencement d'une nouvelle crise. » (*Guerre Franco-Allemande*.)

Les cadavres allemands s'entassent en avant des tranchées défendues avec *La ferme de Chantrenne* des efforts vraiment surhumains et les Prussiens reculent décimés. La Ire armée

No 74. Au 36e régiment de fusiliers
No 79. Au 9e régiment d'artillerie
No 75. Cimetière de Verneville

BATAILLE DE SAINT-PRIVAT

GRAVELOTTE · ST PRIVAT

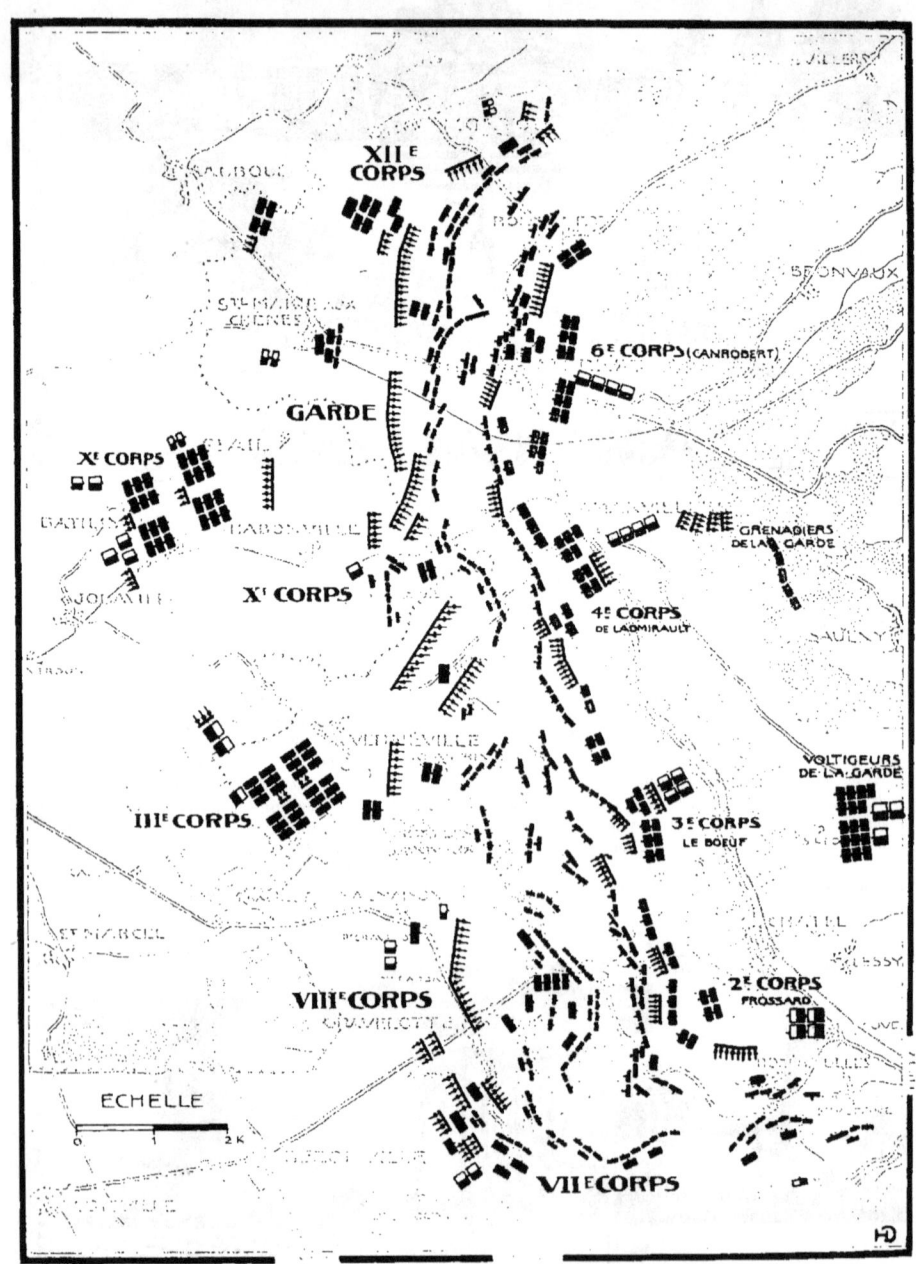

BATAILLE DE SAINT-PRIVAT

VISITE DES MONUMENTS

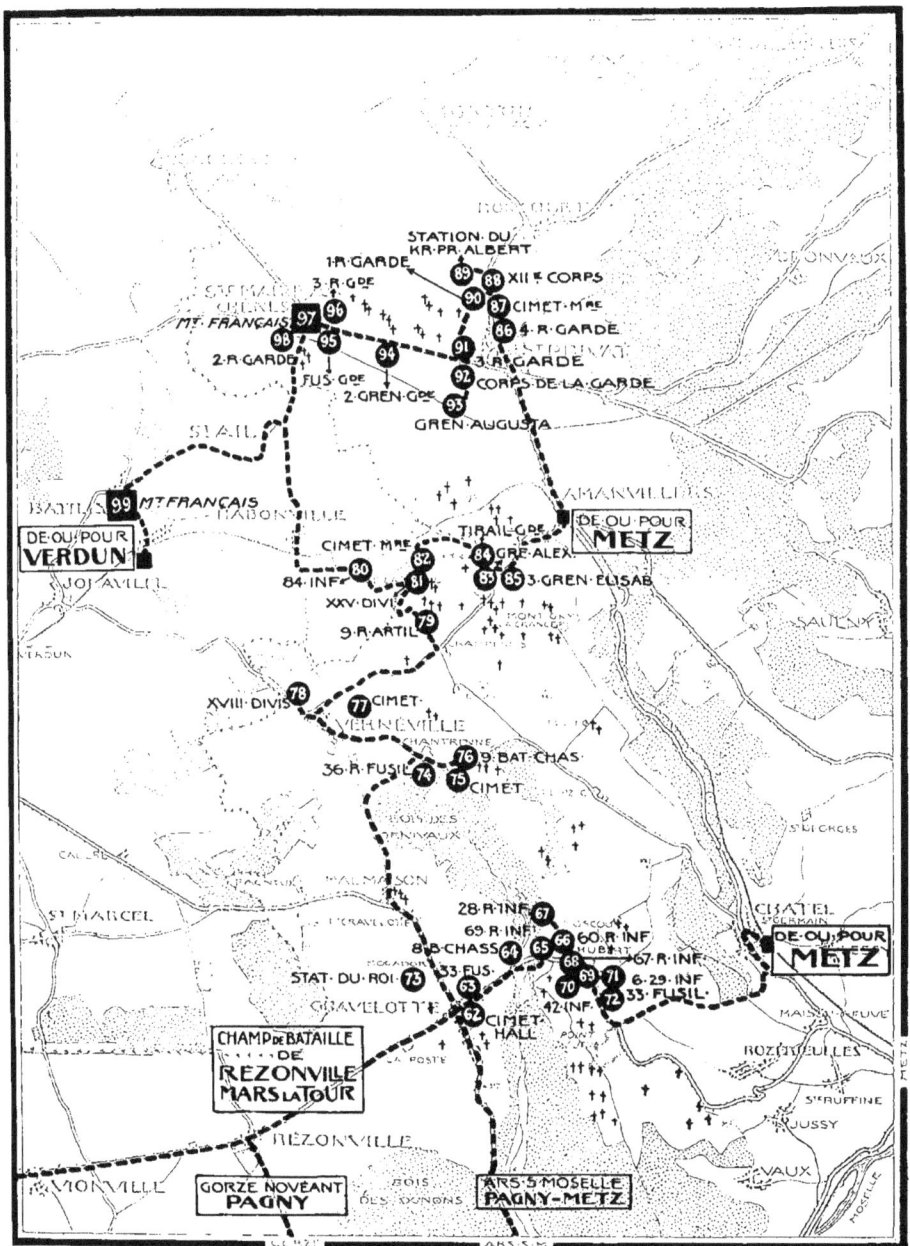

BATAILLE DE SAINT-PRIVAT

No 92. Au corps de la Garde

No 88. Au XIIe corps d'armée

No 89. Station du kronprinz Albert

No 99. Monument français de Batilly

St PRIVAT

allemande, le soir du 18 août, était donc en échec en avant de Gravelotte, après avoir laissé quantité d'hommes sur le terrain.

A Saint-Privat la lutte était aussi acharnée. Longtemps le Grand État-major allemand avait ignoré où se terminait exactement la droite des troupes françaises ; dès qu'il fut bien renseigné à ce sujet, un mouvement enveloppant fut de suite ordonné autour de Sainte-Marie-aux-Chênes et de Raucourt envahis malgré une résistance admirable. Le combat fut alors concentré sur Saint-Privat canonné par près de 200 bouches à feu et où la Garde prussienne, commandée par le prince de Wurtemberg, fit des prodiges de courage en attaquant, sur un glacis complètement découvert, un village bien défendu. Ces troupes d'élite ayant pour chefs des princes et des têtes couronnées subirent un feu tellement meurtrier qu'elles furent arrêtées avant leur arrivée sur la ligne de bataille. A plusieurs reprises de nouveaux bataillons surgirent en subissant le même sort.

Près de 7.000 hommes restèrent à terre en avant de Saint-Privat, ce qui fait appeler ce village le « Tombeau de la Garde ». Les restes de ces vaillants soldats reposent sous la colonne n° 92. Canrobert qui n'avait cessé, devant l'accroissement des assaillants, de demander du renfort à Bazaine, sans avoir rien reçu, se rendit compte du mouvement tournant du XIIe corps prussien en même temps que de l'attaque importante de la Garde ; il se vit entouré de trois côtés à la fois et comprit qu'il était perdu. Les Allemands redoublent d'efforts, lancent de nouvelles troupes, établissent de nouvelles batteries qui achèvent l'incendie et la ruine du village. Saint-Privat, défendu par 22.000 soldats, est entouré d'un cercle de 100.000 hommes !

Chaque maison est encore défendue avec acharnement et c'est le cimetière et l'église, aujourd'hui disparus, qui voient le dernier sursaut de cette lutte mémorable — scène poignante si bien reproduite par le pinceau de Detaille, digne pendant de ses « Dernières cartouches ».

125.000 Français avaient combattu contre 280.000 Allemands.

No 97. Monument français de Sainte-Marie-aux-Chênes

PERTES

Français : 12.275 hommes, dont 1.146 tués.

Allemands : 20.160 hommes, dont 5.237 tués.

Porte du cimetière de Saint-Privat

No 90. Au 1er régiment de la Garde

No 91. Au 3e régiment de la Garde

BATAILLE DE SAINT-PRIVAT

Le vieux château — SEDAN — *Bords de la Meuse*

BATAILLE DE SEDAN

LES historiens militaires de 1870 ont tous décrit, en la réprouvant, la triste marche de l'armée de Châlons sur Metz, ordonnée à Mac-Mahon pour des motifs d'ordre politique.

Ne connaissant que le devoir, le maréchal obéit et commença, le 21, son mouvement vers Reims. A la suite d'hésitations, de modifications d'itinéraire, de retraite, puis de reprise de la marche en avant, l'armée se trouvait, le 26, au Chêne-le-Populeux, offrant, avec ses 120.000 hommes, peu de cohésion, moins encore de discipline et, avec l'indécision du haut commandement, les premiers symptômes de démoralisation.

Le maréchal, changeant encore d'avis, prit la direction de Mézières et fit halte à Sedan, traqué et atteint sur ses derrières par deux armées allemandes qu'il estimait à 70.000 hommes, mais dont l'effectif total était de plus de 200.000 combattants que les succès précédents rendaient audacieux et entreprenants.

La surprise de Beaumont, où le général de Failly perdit 4.000 hommes, arrêta encore la marche des troupes du 5e corps ; celles-ci arrivèrent à Sedan le 31 août, harassées, mourant de faim et désorganisées ; leur contact avec les autres corps amena dans l'armée entière un commencement de découragement et de mauvais esprit, qui se traduisit bientôt par des actes d'indiscipline.

C'est dans cette triste situation que l'armée de Châlons bivouaquait, le 31 août au soir, sur le plateau de Sedan, de la forme d'un triangle ayant pour sommets Bazeilles, Illy et Floing (Voir la carte).

N° 103
N° 114 OSSUAIRE
N° 113 LE CHÊNE BRISÉ

1er SEPTEMBRE 1870

Dès l'aube, les Allemands passèrent la Meuse sur des ponts de bateaux et sur le pont du chemin de fer à Pont-Maugis, et attaquèrent énergiquement Bazeilles. En même temps leurs Ve et XIe corps passaient la rivière à Donchery sur deux autres ponts de bateaux et sur le pont de pierre qu'on n'avait pu faire sauter à temps, et c'est dès le matin que commençait leur mouvement enveloppant pour nous couper, du côté de Floing et d'Illy, la route de Mézières.

Pendant ce temps, les troupes françaises, ignorantes encore de l'effectif formidable des troupes allemandes, attendaient la bataille sur un plateau en vue et entouré de hauteurs qui le dominaient.

La défense de Bazeilles fut des plus acharnées. Après la villa Beurmann (n° 105), la maison des Dernières Cartouches (n° 104) offrit une résistance héroïque et désespérée. Une poignée de vaillants, dirigés par le commandant Lambert, bravant la mort certaine qui les attendait, se défendirent jusqu'à épuisement des munitions, en couchant à terre près d'un millier de Bavarois. La dernière cartouche brûlée, les vingt hommes qui restaient debout descendirent dehors avec leur commandant blessé et durent leur salut au geste magnanime d'un capitaine bavarois qui se précipita au-devant de ses soldats pour en arrêter les baïonnettes. Sur l'ordre du Prince Royal de Prusse, qui voulut les recevoir le soir même, ils ne furent pas désarmés.

Pendant que se passaient les incidents, le maréchal de Mac-Mahon, blessé le matin devant la Moncelle (Croix n° 109), avait remis son com-

No 107. *Église et monument de l'Infanterie de marine* — No 104. *Les Dernières Cartouches* — No 105. *Villa Beurmann*

BAZEILLES

mandement au général Ducrot. Celui-ci eut de suite la vision claire du danger que courait l'armée que les Allemands commençaient à tourner par Vrigne-aux-Bois, le défilé de la Falizette et Saint-Menges ; il prit de suite le parti de la retraite par le nord alors que ce mouvement lui paraissait encore possible.

Au moment où les troupes exécutaient les ordres donnés, survint l'incident du général de Wimpffen réclamant, avec titre en poche, le commandement de l'armée. Ducrot s'inclina, mais la mort dans l'âme, surtout lorsqu'il vit son successeur reprendre l'offensive vers l'est...

Pendant que l'aile gauche allemande marchait vers le nord sans aucune inquiétude, l'aile droite, cavalerie et artillerie en tête, avait gagné par échelons et au fur et à mesure de l'arrivée des troupes, les hauteurs de Daigny, de Givonne, puis, vers midi, d'Illy. A ce moment, les deux ailes se rejoignaient et l'armée française était entièrement cernée. De tous côtés, malgré l'énergie et la bravoure, il fallut céder le terrain, battu par un immense cercle d'artillerie : au nord 26 batteries, à l'est 34 et au sud 11 batteries, soit un total de 426 pièces de canon vomissant sans répit sur les positions françaises une pluie d'obus.

Ce fut alors à la cavalerie que le général Ducrot, sur la demande de Wimpffen, fit appel dans cette situation désespérée, afin de sauver, sinon l'armée, du moins l'honneur.

Au moment où le général Margueritte se portait sur le bord du plateau d'Illy pour reconnaître le terrain, il reçut, près du calvaire (Croix n° 111), une balle qui lui coupa la langue, et, pendant que ses officiers l'emportaient, il montra du doigt les lignes des assaillants, suprême et dernier ordre à ses braves cavaliers.

Ceux-ci s'élancent alors en trombe dans un terrain semé de brusques ressauts, sous une grêle de balles, jusqu'au triple mur infranchissable des baïonnettes allemandes ; comme des vagues furieuses contre un rocher ils sont refoulés en arrière, se reforment, rechargent de nouveau sans ordre et sans commandement, éparpillés, la rage au cœur, décidés à mourir, et de nouveau sont repoussés en arrière, décimés (Monument des « Braves Gens », n° 112).

Cette belle division Margueritte avait, pour l'honneur des armes, 100 officiers et 800 hommes hors de combat.

« Bien que le succès n'ait pas répondu aux efforts de ces braves escadrons, bien que leur héroïque tentative ait été impuissante à conjurer la catastrophe à laquelle l'armée française était irrésistiblement vouée, celle-ci n'en est pas moins en droit de jeter un regard de légitime orgueil vers les champs de Floing et de Cazal, sur lesquels, dans cette mémorable journée de Sedan, sa cavalerie succomba glorieusement sous les coups d'un adversaire victorieux. »
(Relation allemande.)

N° 106. *Ossuaire* — *Pont du chemin de fer* — N° 108. *Château Dorival*

N° 112. Monument des « Braves gens »

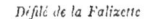
Pont de Donchery

Défilé de la Falizette

N° 111. Calvaire d'Illy
Croix Marguerite

CHAMP·DE·BATAILLE·DE SEDAN

N° 109. Devant La Moncelle
Croix Mac-Mahon

Du haut de la chapelle de la Croix Piot (n° 100), le roi Guillaume, entouré de son état-major, contemplait en l'admirant ce courage désespéré et inutile de tous « ces braves gens ».

Les Allemands continuaient de toutes parts leur immense mouvement concentrique qui se resserrait de plus en plus sur Sedan. De quelque côté qu'on se tournât, soit de Floing, d'Illy, de Givonne, de Balan ou de Francis, de partout leurs batteries continuaient leur massacre impitoyable. « Le flot de la déroute entraîne avec lui des fractions de tous corps et de toutes armes ; les obus arrivent de tous les points de l'horizon et prennent ces masses affolées de face, de flanc et à revers... Aux cris d'épouvante se mêlent les gémissements des blessés... A notre droite, une ambulance prend feu et s'écroule ; tout autour de nous, les caissons d'artillerie sautent et augmentent par leurs éclats le nombre des victimes ; de toutes parts on voit errer, isolés ou par pelotons, des chevaux sans cavaliers, épaves sanglantes de l'héroïque charge qui vient d'être exécutée du côté de Floing. Le soleil était dans toute sa puissance. Jamais lumière plus éclatante n'éclaira pour les uns plus de joie et d'orgueil, plus de douleurs et d'humiliations pour les autres. Nous assistions impuissants, le cœur gonflé de rage et de larmes, à notre désastre... Rien n'a arrêté l'ennemi ; il avance de toutes parts et achève de nous enlacer. » (Prince BIBESCO, p. 155, citations extraites).

Dans une poussée effrayante et formidable, hommes, chevaux, caissons et voitures se précipitent dans la ville déjà encombrée et où les suit la mitraille, dont le bruit laisse à peine entendre les clameurs des fuyards et les cris des blessés. Le général de Wimpffen, dont l'illusion égalait le courage, tente en vain un retour offensif vers l'est avec quelques débris, mais, impuissant, il doit s'avouer vaincu.

Le drapeau blanc, hissé sur la citadelle par ordre de l'Empereur, met fin à cette journée de malheur.

La nuit et la matinée qui suivirent furent témoins des entrevues de Wimpffen avec de Moltke et Bismarck (maison n° 101) et de celles du lendemain. Malgré l'intervention de Napoléon III qui s'était rendu au château de Bellevue (n° 102) pour y rencontrer le roi de Prusse et faire appel à sa clémence, les Allemands exigèrent la reddition de la place et de l'armée entière avec son matériel, soit : 83.000 prisonniers, près de 600 pièces de canon, plus de 1.000 voitures, 65.000 fusils et 6.000 chevaux valides.

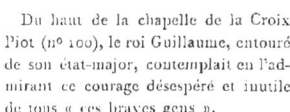

N° 101. Maison du Premier Rendez-vous

Un coin du village de Floing

N° 102. Château de Bellevue

N° 100. Chapelle de la Croix Piot

Le village d'Illy

BATAILLE DE SEDAN

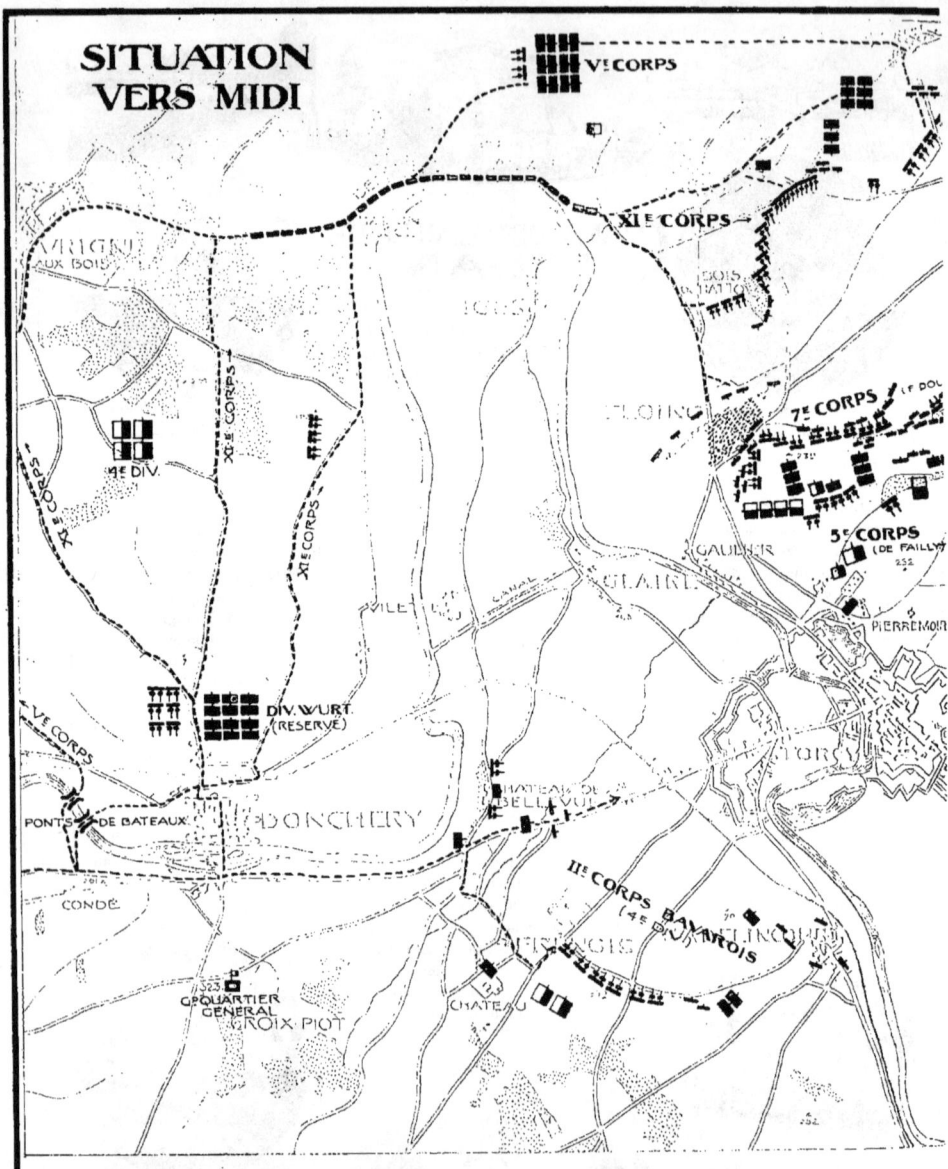

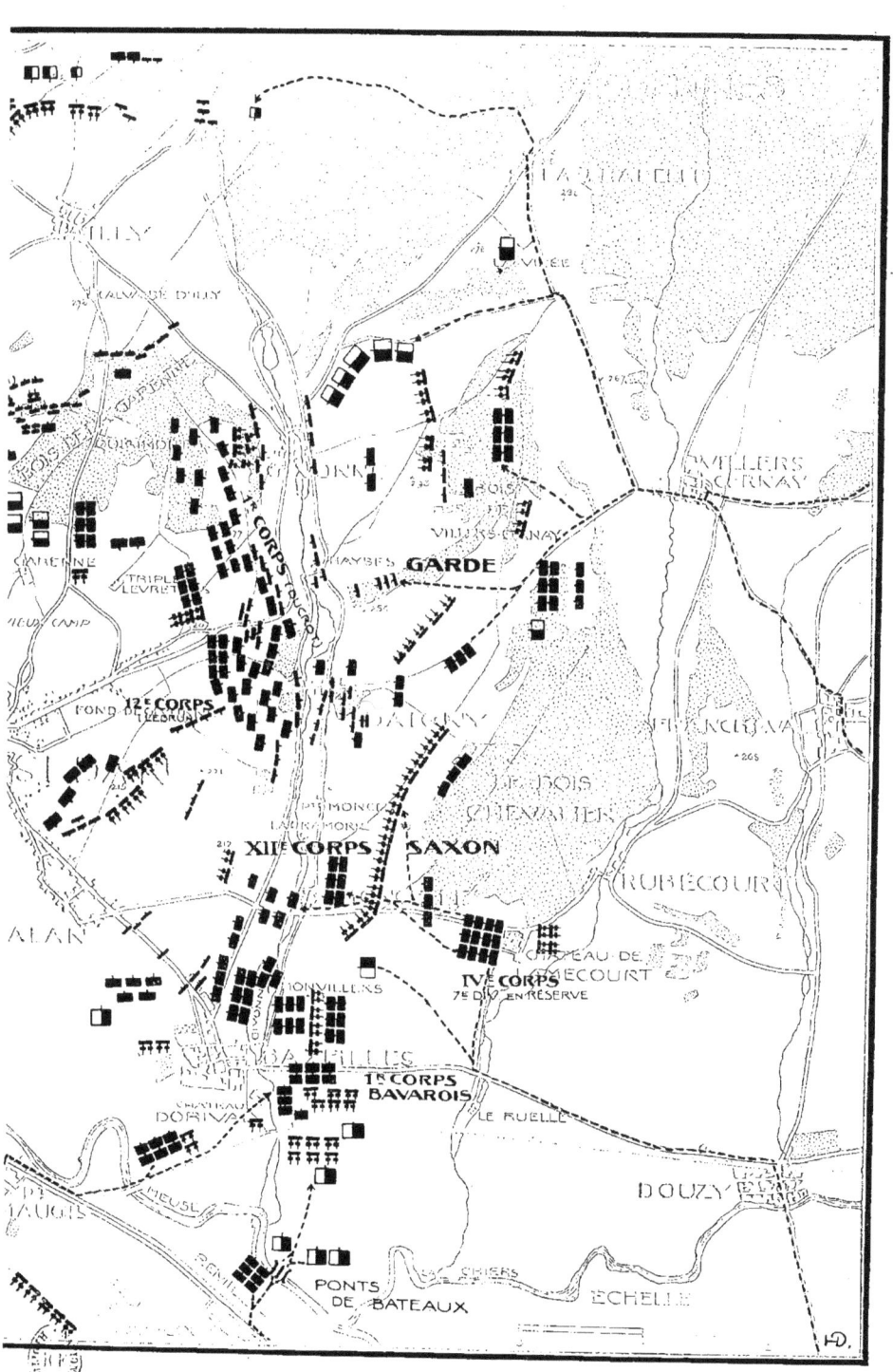

BATAILLE DE SEDAN

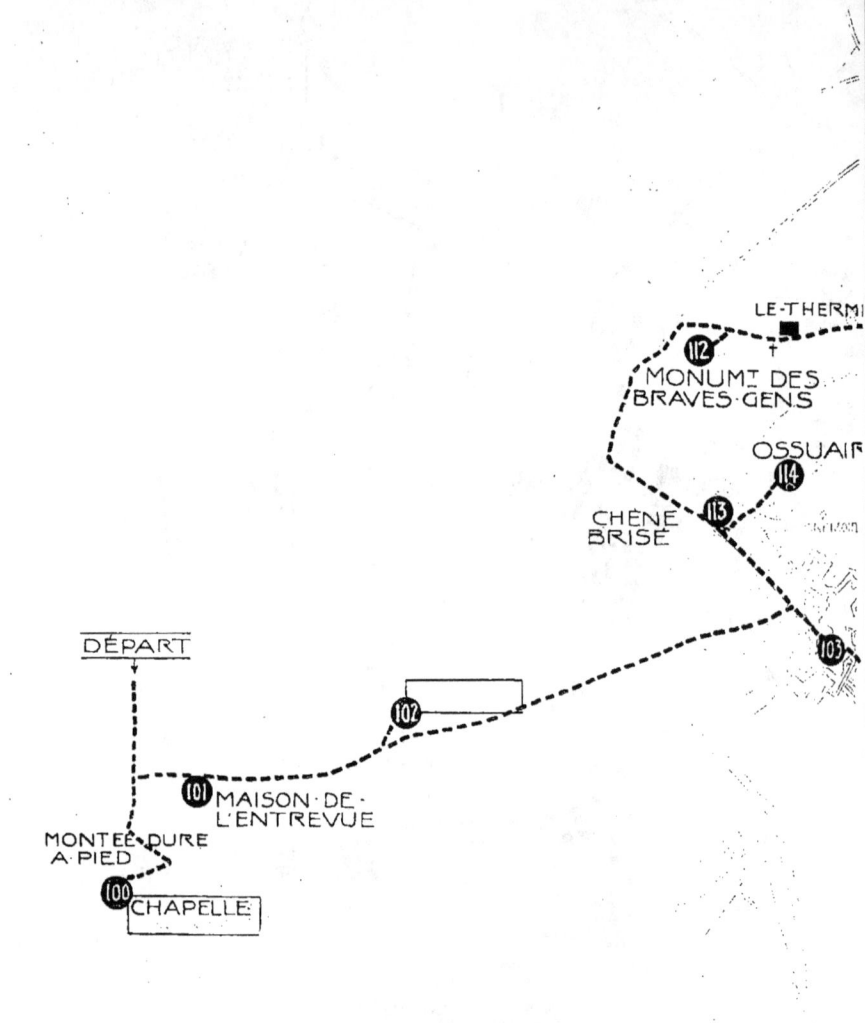

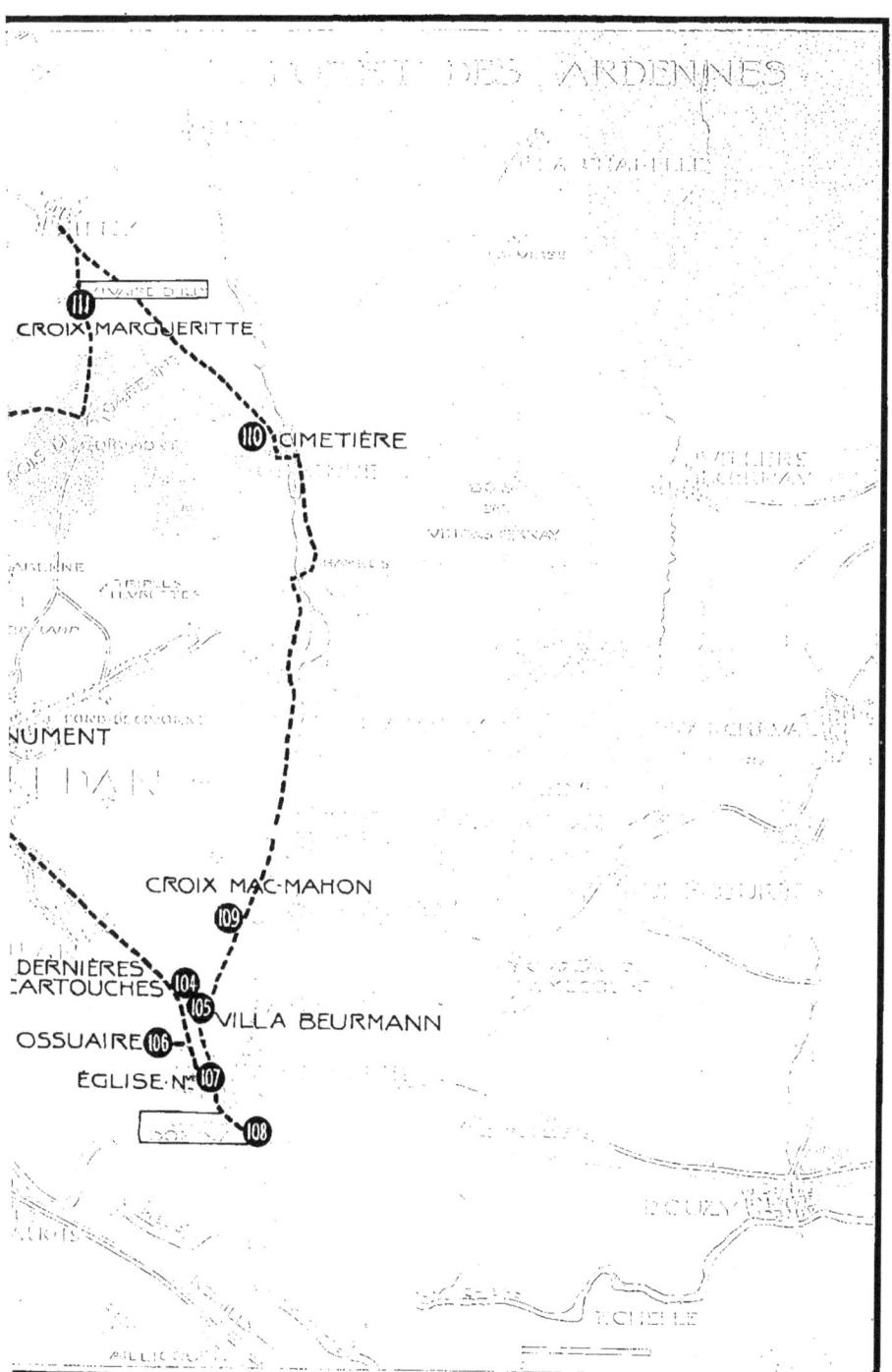

METZ-BORNY-COLOMBEY-NOISSEVILLE

JOURNÉE DU 14 AOUT 1870

ET

SIÈGE DE METZ

A . . . (L'Amitié.) Au Ier corps d'armée.

B. . . . Aux 7.000 Français morts pendant le siège de Metz (monument du cimetière Chambière).

C. . . . (Colombey.) Au 13e régiment d'infanterie.

D . . . (Colombey.) Au 76e régiment d'infanterie.

E. . . . Aux officiers de l'Allée des morts.

F. . . . (Allée des morts.) Au 55e régiment d'infanterie westphalien.

G. . . . Monument allemand du cimetière Chambière.

H. H. . . Monument offert par les dames de Metz à l'armée française.

I. . . . (Colombey.) Aux chasseurs prussiens.

K. . . . Aux officiers français morts pendant le siège de Metz (cimetière Chambière).

L. . . . (Borny.) Monument français.

| Photographies et | Nancy |
| Cartes de l'auteur | Imprimerie Berger-Levrault |

NANCY, IMPRIMERIE BERGER-LEVRAULT

www.ingramcontent.com/pod-product-compliance
Lightning Source LLC
Chambersburg PA
CBHW061018050426
42453CB00009B/1511